مدرسه - škola 2
سفر - putovanje 5
حمل و نقل - transport 8
شهر - grad 10
چشم انداز - krajolik 14
رستوران - restoran 17
سوپرمارکت - supermarket 20
نوشیدنی ها - piće 22
غذا - jelo 23
مزرعه - seosko imanje 27
خانه - kuća 31
اتاق نشیمن - dnevni boravak 33
آشپزخانه - kuhinja 35
حمام - kupatilo 38
اتاق بچه - dječija soba 42
لباس - odjeća 44
اداره - ured 49
اقتصاد - ekonomija 51
مشاغل - zanimanja 53
ابزارآلات - alat 56
آلات موسیقی - muzički instrumenti 57
باغ وحش - zološki vrt 59
ورزش ها - sport 62
فعالیت ها - aktivnosti 63
خانواده - porodica 67
بدن - tijelo 68
بیمارستان - bolnica 72
موقعیت اضطراری - hitna pomoć 76
کره زمین - Zemlja 77
ساعت - sat 79
هفته - sedmica, nedjelja 80
سال - godina 81
اشکال - oblici 83
رنگ ها - boje 84
متضاد ها - suprotnosti 85
اعداد - brojevi 88
زبان ها - jezici 90
چه کسی / چه چیزی / چگونه - ko / šta / gdje 91
کجا - gdje 92

Impressum
Verlag: BABADADA GmbH, Nedderfeld 112 , 22529 Hamburg
Geschäftsführer / Verlagsleitung: Harald Hof
Druck: Books on Demand GmbH, In de Tarpen 42, 22848 Norderstedt

Imprint
Publisher: BABADADA GmbH, Nedderfeld 112 , 22529 Hamburg, Germany
Managing Director / Publishing direction: Harald Hof
Print: Books on Demand GmbH, In de Tarpen 42, 22848 Norderstedt, Germany

1

مدرسه
škola

کلاس درس
učionica
تقسیم کردن
dijeliti
186/2
تخته
tabla
školsko dvorište
معلم
učitelj, nastavnik
کاغذ
papir
نوشتن
pisati
خودکار
olovka
میز تحریر
pisaći sto
خط کش
lenjir
کتاب
knjiga
دانش آموز
učenik

کیف مدرسه

torba

جامدادی

pernica

مداد

drvena olovka

تراش

šiljalo za olovke

پاک کن

gumica

دفتر رسم

blok za crtanje

طراحی

crtež

قلم مو

kist

جعبه ی آبرنگ

kutija s bojama

قیچی

makaze

چسب

ljepilo

کتاب تمرین

vježbanka

تکلیف خانه

domaća zadaća

رقم

broj

جمع کردن

sabirati

تفریق کردن

oduzimati

ضرب کردن

množiti

محاسبه کردن

računati

حرف الفبا

slovo

الفبا

abeceda

کلمه

riječ

متن

tekst

خواندن

čitati

گچ

kreda

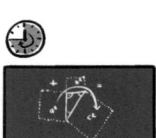

درس

sat

ثبت نام

školski dnevnik

امتحان

ispit

مدرک رسمی

svjedočanstvo

لباس مدرسه

školska uniforma

تحصیلات

izobrazba

دانشنامه

leksikon

دانشگاه

univerzitet

میکروسکوپ

mikroskop

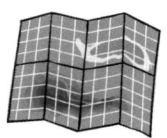

نقشه

karta

سبد کاغذ باطله

korpa za papir

سفر
putovanje

هتل
hotel
مسافرخانه
hostel
صرافی
mjenjačnica
چمدان
kofer
اتومبیل
auto

زبان
jezik

بله / خیر
da / ne

اُکی
okej

سلام
zdravo

مترجم
tumač

ممنون
hvala

قیمت ... چه قدر است؟

Koliko košta...?

من متوجه نمی شوم

Ne razumijem

مشکل

problem

عصر بخیر! / شب بخیر!

dobro veče!

صبح بخیر!

Dobro jutro!

شب بخیر!

Laku noć!

خدانگهدار

doviđenja

جهت

smjer

بار سفر

prtljag

کیف

torba

کوله پشتی

ruksak

مهمان

gost

اتاق

soba

کیسهٔ خواب

vreća za spavanje

خیمه

šator

مرکز راهنمای گردشگران

turističke informacije

ساحل

plaža

کارت اعتباری

kreditna kartica

صبحانه

doručak

نهار

ručak

شام

večera

بلیط

putna karta

آسانسور

lift

مهر

poštanska markica

مرز

granica

گمرک

carina

سفارتخانه

ambasada

ویزا

viza

گذرنامه

pasoš

حمل و نقل

transport

هواپیما
avion
کشتی
brod
ماشین آتش نشانی
vatrogasno vozilo
اتوبوس
autobus
کامیون
kamion
قایق موتوری
motorni čamac
دوچرخه
biciklo
اتومبیل
auto

کشتی مسافربری

trajekt

قایق

brod

موتورسیکلت

motocikl

ماشین پلیس

policijski automobil

ماشین مسابقه

trkaći automobil

ماشین کرایه ای

unajmljeni automobil

به اشتراک گذاری اتوموبیل
....
kar-šering

جرثقیل
....
pauk

ماشین حمل زباله
....
smećarsko vozilo

موتور
....
motor

بنزین
....
gorivo

پمپ بنزین
....
benzinska pumpa

تابلو راهنمایی و رانندگی
....
saobraćajni znak

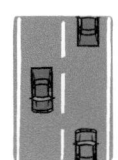

عبور و مرور
....
saobraćaj

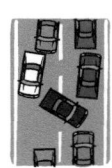

ترافیک
....
zastoj

پارکینگ
....
parking

ایستگاه قطار
....
železnička stanica

ریل راه آهن
....
šine

قطار
....
voz

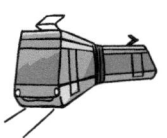

قطار برقی
....
tramvaj

واگن
....
vagon

هلیکوپتر

helikopter

فرودگاه

aerodrom

برج

toranj

مسافر

putnik

کانتینر

kontejner

کارتن

karton

گاری

tačke

سبد

korpa

به پرواز درآمدن / فرود آمدن

poletjeti / sletjeti

شهر

grad

دهکده

selo

مرکز شهر

centar grada

خانه

kuća

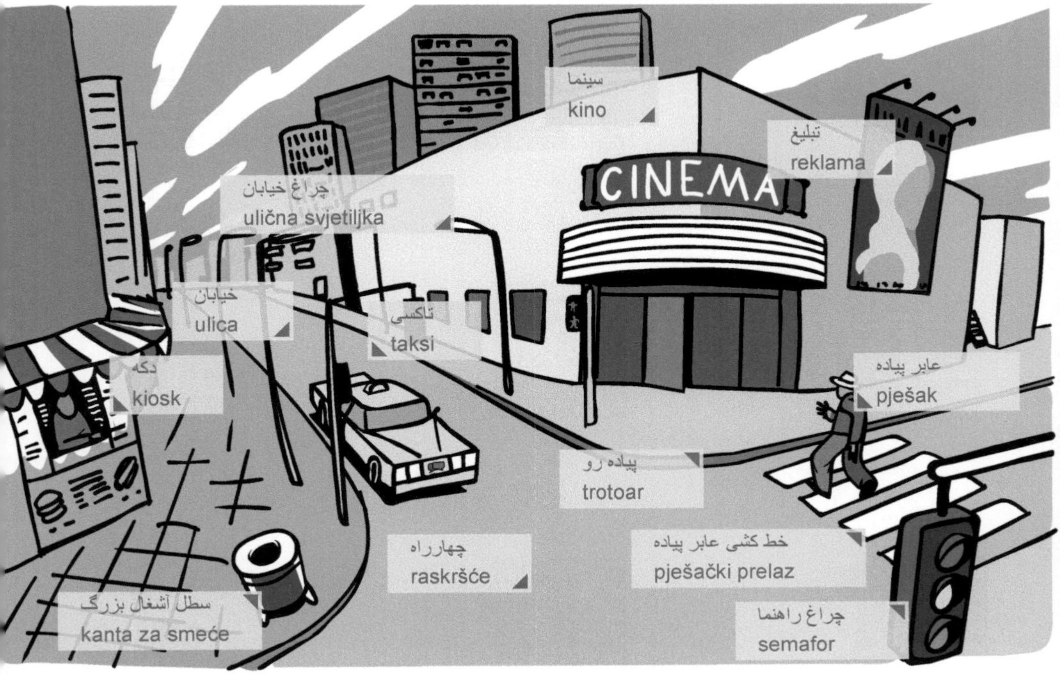
سینما
kino
تبلیغ
reklama
CINEMA
چراغ خیابان
ulična svjetiljka
خیابان
ulica
تاکسی
taksi
دکه
kiosk
عابر پیاده
pješak
پیاده رو
trotoar
چهارراه
raskršće
خط کشی عابر پیاده
pješački prelaz
سطل آشغال بزرگ
kanta za smeće
چراغ راهنما
semafor

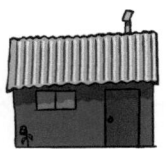

کلبه
koliba

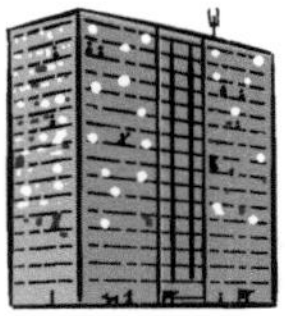
آپارتمان
stan

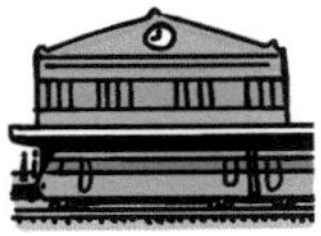
ایستگاه قطار
željeznička stanica

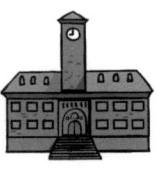

ساختمان شهرداری
vjećnica

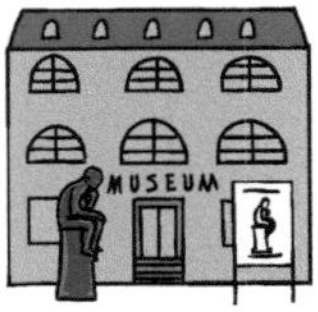
MUSEUM
موزه
muzej

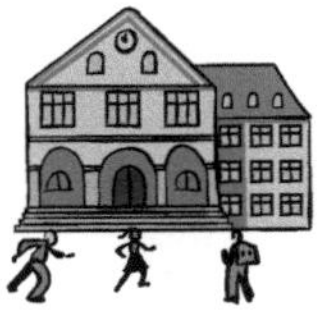
مدرسه
škola

دانشگاه
univerzitet

بانک
banka

بیمارستان
bolnica

هتل
hotel

داروخانه
apoteka

اداره
ured

کتابفروشی
knjižara

مغازه
radnja

گل فروشی
cvjećara

سوپرمارکت
supermarket

بازار
pijaca

فروشگاه بزرگ
robna kuća

ماهی فروش
prodavač ribe

مرکز خرید
trgovački centar

بندر
luka

پارک

park

نیمکت

klupa

پل

most

پله

stepenice

مترو

podzemna željeznica

تونل

tunel

ایستگاه اتوبوس

autobuska stanica

میخانه

bar

رستوران

restoran

صندوق پست

poštanski sandučić

تابلوی خیابان

saobraćajni znak

دستگاه پارکومتر

sat za naplatu parkinga

باغ وحش

zološki vrt

استخر شنای عمومی

bazen

مسجد

džamija

مزرعه

seosko imanje

آلودگی محیط زیست

zagađenje okoline

قبرستان

groblje

کلیسا

crkva

زمین بازی

igralište

معبد

hram

چشم انداز
krajolik

برگ
list
تابلوی راهنمای مسیر
putokaz
راه
putokaz
چمنزار
livada
سنگ
kamen
راه نورد
putnik
درخت
drvo
رودخانه
rijeka
چمن
trava
گل
cvijet

دره

dolina

تپه

brdo

دریاچه

jezero

جنگل

šuma

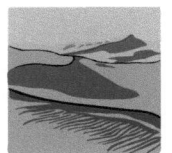

بیابان

pustinja

کوه آتشفشان

vulkan

قلعه

dvorac

رنگین کمان

duga

قارچ

gljiva

درخت نخل

palma

پشه

komarac

مگس

muha

مورچه

mrav

زنبور

pčela

عنکبوت

pauk

سوسک
....
buba

قورباغه
....
žaba

سنجاب
....
vjeverica

جوجه تیغی
....
jež

خرگوش صحرایی
....
zec

جغد
....
sova

پرنده
....
ptica

قو
....
labud

گراز
....
divlja svinja

گوزن نر
....
jelen

گوزن شمالی
....
los

سد آب
....
brana

توربین بادی
....
vjetrenjača

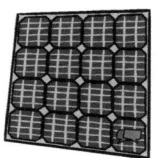

صفحه ی خورشیدی
....
solarni modul

آب و هوا
....
klima

رستوران
restoran

konobar
منوی غذا
jelovnik
صندلی
stolica
سوپ
supa
پیتزا
pica
سرویس کارد و قاشق و چنگال
pribor za jelo
رومیزی
stolnjak

پیش‌غذا
predjelo

غذای اصلی
glavno jelo

دسر
desert

نوشیدنی ها
piće

غذا
jelo

بطری
flaša

فست فود

brza hrana

اغذیه خیابانی

jelo sa ulice

قوری

čajnik

قندان

šećernica

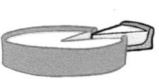

پُرس غذا

porcija

دستگاه اسپرسو

mašina za espreso

صندلی پایه بلند غذاخوری بچه

barska stolica

صورتحساب

račun

سینی

tacna

چاقو

nož

چنگال

viljuška

قاشق

kašika

قاشق چایخوری

kašičica

دستمال سفره

salveta

لیوان

čaša

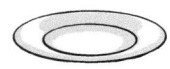

بشقاب
....
tanjir

بشقاب سوپخوری
....
tanjir za supu

نعلبکی
....
tanjurić

سس
....
sos

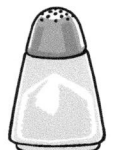

نمکدان
....
solanik

فلفل ساب
....
mlin za biber

سرکه
....
sirće

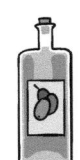

روغن خوراکی
....
ulje

ادویه جات
....
začini

سس کچاپ
....
kečap

سس خردل
....
senf

سس مایونز
....
majoneza

سوپرمارکت

supermarket

پیشنهاد ویژه
ponuda
مشتری
klijent
لبنیات
mliječni proizvodi
میوه جات
voće
چرخ دستی خرید
kolica za kupovinu

قصابی

mesnica- klaonica

نانوایی

pekara

وزن کردن

vagati

سبزیجات

povrće

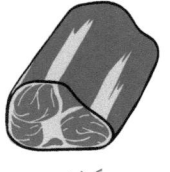

گوشت

meso

غذای منجمد

zaleđena hrana

مخلوطی از انواع کالباس یا پنیر که
ورقه ای بریده شده باشند

narezak

غذای کنسروی

konzerve

پودر لباسشویی

prašak za veš

شیرینی جات

slatkiši

لوازم خانگی

kućanski proizvodi

ماده شوینده و پاک کننده

sredstvo za čišćenje

فروشنده

prodavačica

صندوق پرداخت

kasa

صندوقدار

blagajnik

لیست خرید

lista za kupovinu

ساعات کار

radno vrijeme

کیف پول

novčanik

کارت اعتباری

kreditna kartica

کیف

torba

کیسه ی پلاستیکی

najlonska vrećica

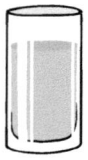

نوشیدنی ها
piće

آب

voda

آبمیوه

sok

شیر

mlijeko

نوشابه کوکاکولا

kola

شراب

vino

آبجو

pivo

الکل

alkohol

کاکائو

kakao

چای

čaj

قهوه

kafa

قهوه اسپرسو

espreso

کاپوچینو

kapućino

موز

banana

سیب

jabuka

پرتقال

narandža

انواع هندوانه و خربزه

lubenica

لیمو

limun

هویج

mrkva

سیر

bijeli luk

نی بامبو

bambus

پیاز

crveni luk

قارچ

gljiva

آجیل

orašasti plodovi

ماکارونی

pasta

اسپاگتی

špagete

برنج

riža

سالاد

salata

سیب زمینی سرخ کرده

pomfrit

سیب زمینی سرخ شده

pečeni krompir

پیتزا

pica

همبرگر

hamburger

ساندویچ

sendvič

شنیتسل

šnicla

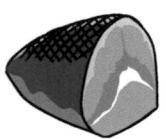

ژامبون خوک

šunka

سالامی

kobasica

سوسیس

kobasica

مرغ

kokoš

نوعی گوشت سرخ شده

pečenje

ماهی

riba

جوی پرک شده

zobene pahuljice

نوعی صبحانه مخلوطی از برگه ذرت و میوه های خشک شده و خشکبار که معمولا با شیر خورده می شود

muzli

کورن‌فلکس

kornfleks

آرد

brašno

کرواسان

kroason

نان بروتشن

zemičke

نان

kruh

نان تست

tost

بیسکویت

keksi

کره

maslac

کشک

svježi sir

کیک

kolač

تخم مرغ

jaje

تخم مرغ نیمرو

jaje na oko

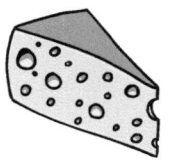

پنیر

sir

بستنی

sladoled

شکر

šećer

عسل

med

مربا

marmelada

کرم شکلاتی بادامی

nugat krema

ادویه کاری

kuri

مزرعه

خانه ی مزرعه داران
seoska kuća
انبار غله
sjenik
خرمن گاه
bale sjena
مزرعه
polje
اسب
konj
ماشین یدک کش
prikolica
کره اسب
ždrijebe
تراکتور
traktor
خر
magarac
گوسفند
ovca
بره
jagnje

بز
koza

گاو ماده
krava

گوساله
tele

خوک
svinja

بچه خوک
prase

گاو نر
bik

غاز

guska

اردک

patka

جوجه

pile

مرغ

kokoška

خروس

pjetao

موش صحرایی

pacov

گربه

mačka

موش

miš

گاو نر اخته

vol

سگ

pas

لانه ی سگ

pseća kućica

شلنگ باغبانی

crijevo za baštu

آبپاش

kanta za zalijevanje

داس دسته بلند

kosa

گاوآهن

plug

داس

srp

کج بیل

motika

چنگک باغبانی

vile

تبر

sjekira

فرقون

tačke

آبشخور

korito

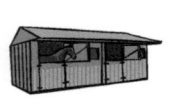

بطری نگهداری شیر

bokal za mlijeko

کیسه

vreća

حصار

ograda

اصطبل

štala

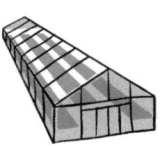

گلخانه

staklenik

خاک

tlo

بذر

sjeme

کود

đubrivo

ماشین کمباین

kombajn

برداشت کردن محصول

kositi

محصول

žetva

تمیس

jam korijen

گندم

pšenica

سویا

soja

سیب زمینی

krompir

ذرت

kukuruz

کلزا

uljana repica

درخت میوه

drvo voća

گیاه مانیوک

manioka

غلات

žito

خانه
kuća

دودکش
dimnjak
پشت بام
krov
ناودان
oluk
پنجره
prozor
گاراژ
garaža
زنگ در
zvono
در
vrata
سطل آشغال
kanta za smeće
صندوق مراسلات
poštanski sandučić
باغ
bašta

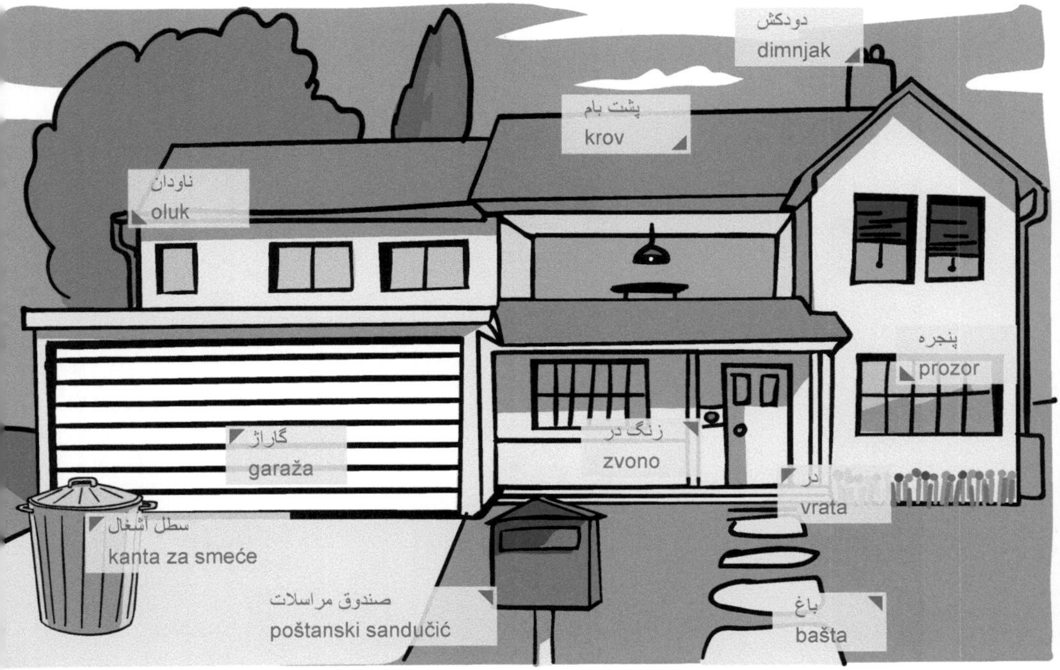

اتاق نشیمن

dnevni boravak

حمام

kupatilo

آشپزخانه

kuhinja

اتاق خواب

spavaća soba

اتاق بچه

dječija soba

ناهارخوری

trpezarija

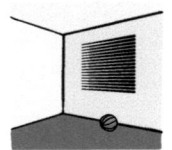

کف زمین

pod, tlo

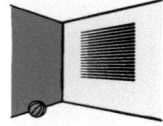

دیوار

zid

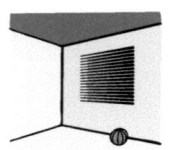

سقف

plafon

زیرزمین

podrum

سونا

sauna

بالکن

balkon

تراس

terasa

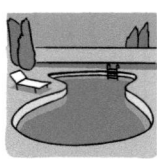

استخر

bazen

ماشین چمن‌زنی

kosilica

ملافه

posteljina

روتختی

pokrivač

تخت خواب

krevet

جارو

metla

سطل

kanta

سویچ یا کلید

prekidač

اتاق نشیمن

dnevni boravak

کاغذ دیواری
tapeta
عکس
fotografija
لامپ
lampa
قفسه
polica
کابینت
ormar
تلویزیون
televizija
شومینه
dimnjak
گل
cvijet
کوسن
jastuk
کاناپه
kauč
گلدان
vaza
کنترل تلویزیون و ویدئو و غیره
daljinski upravljač

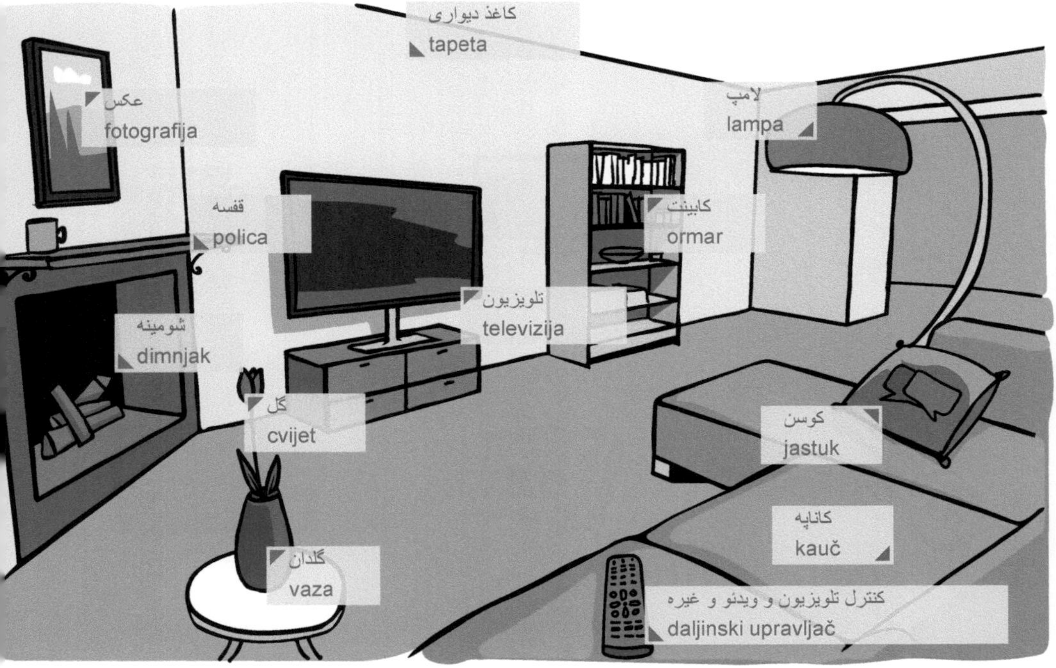

فرش

tepih

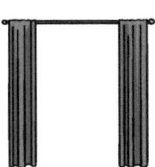

پرده

zavjesa

میز

stol

صندلی

stolica

صندلی گهواره ایی

stolica za ljuljanje

صندلی راحتی

fotelja

كتاب

knjiga

لحاف

deka

دكوراسيون

dekoracija

هيزم

ložno drvo

فيلم

film

دستگاه ضبط صوت

stereo uređaj

كليد

ključ

روزنامه

novine

تابلو نقاشی

umjetnička slika

پوستر

poster

راديو

radio

دفترچه يادداشت

blok za bilješke

جاروبرقی

usisavač

كاكتوس

kaktus

شمع

svijeća

آشپزخانه
kuhinja

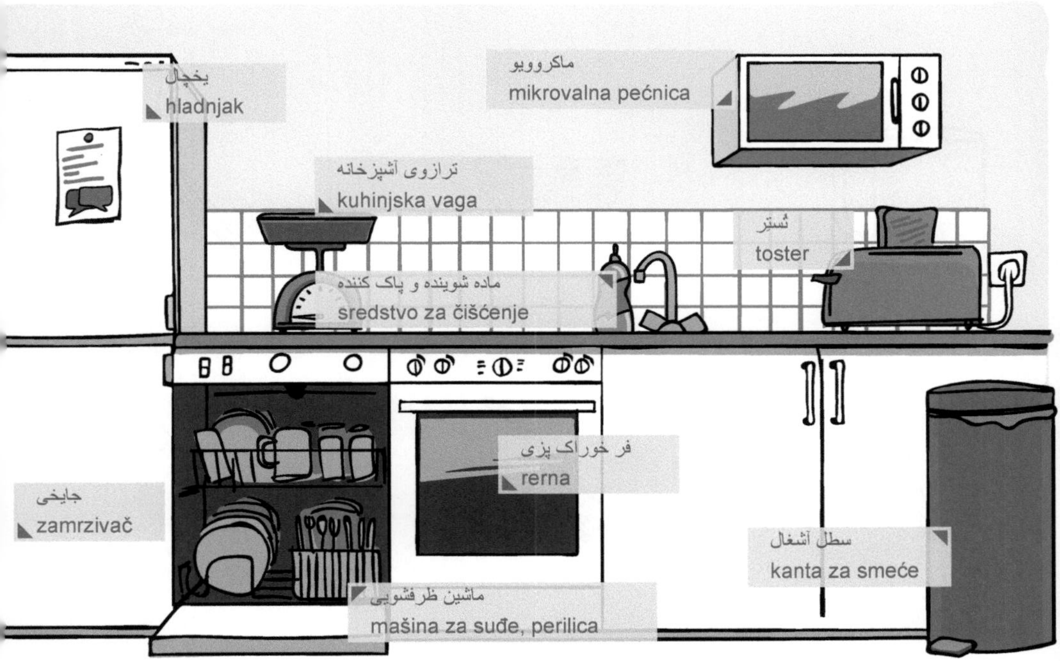

یخچال
hladnjak
ماکروویو
mikrovalna pećnica
ترازوی آشپزخانه
kuhinjska vaga
تُستر
toster
ماده شوینده و پاک کننده
sredstvo za čišćenje
فر خوراک پزی
rerna
جایخی
zamrzivač
سطل آشغال
kanta za smeće
ماشین ظرفشویی
mašina za suđe, perilica

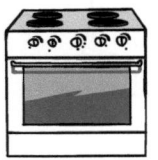

اجاق گاز

peć

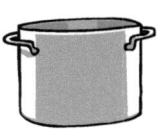

قابلمه

lonac

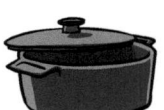

قابلمه چدنی

metalni lonac

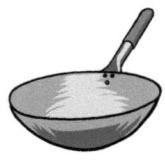

ماهی تابه گود

vok / kadai

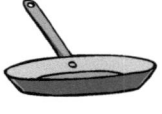

ماهی تابه

tava, tiganj

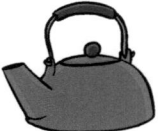

کتری

kuhalo

بخارپز

aparat za kuhanje na pari

سینی فر

lim za pečenje

ظرف چینی آشپزخانه

posuđe

لیوان

šalica

كاسه

činija

چاپستیک

kineski štapići

ملاقه

kutlača

كفگیر

lopatica

همزن

metlica za snijeg bjelanjca

آبکش

sito za kuhanje

آبکش

sito

رنده

ribež

هاون

avan s tučkom

باربیکیو

roštilj

محل مخصوص افروختن آتش

ložište

تخته گوشت و سبزی

daska

وردنه

oklagija

در بطری بازکن

vadičep

قوطی

konzerva

در قوطی بازکن

otvarač za konzerve

دستگیره پارچه ای

krpe za lonac

سینک ظرفشویی

sudoper

برس گردگیری

četka

اسفنج

spužva

مخلوط کن

mikser

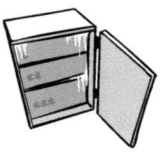

فریزر

zamrzivač

شیشه شیر بچه

flašica za bebu

شیر آب

slavina

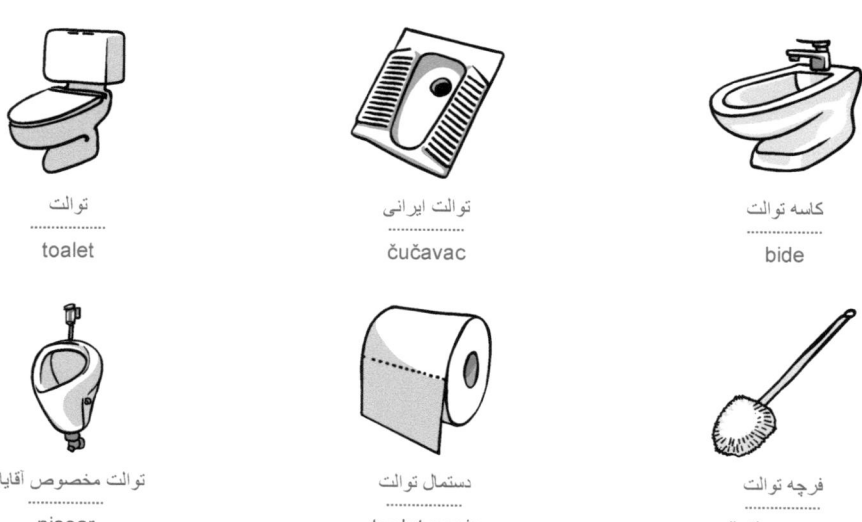

حمام
kupatilo

بخاری
grijanje
حوله
peškir
دوش
tuš
پرده ی حمام
zavjesa za tuš
حمام کف
pjenušava kupka
وان حمام
kada
ماشین لباسشویی
mašina za veš
کاشی
pločice
شیر آب
slavina
لیوان
čaša
لگن دستشویی کودکان
dječja kahlica
سینک ظرفشویی
sudoper

توالت
toalet

توالت ایرانی
čučavac

کاسه توالت
bide

توالت مخصوص آقایان
pisoar

دستمال توالت
toalet papir

فرچه توالت
četka za wc

مسواک

četkica za zube

خمیردندان

pasta za zube

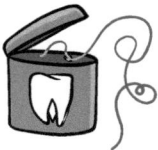

نخ دندان

zubni konac

شستن

prati

دوش آب تلفنی

tuš

شلنگ توالت

intimni tuš

لگن روشویی

lavor

برس شست و شوی پشت

četka za leđa

صابون

sapun

شامپو بدن

gel za tuširanje

شامپو

šampon

لیف حمام

krpe za pranje

راه آب

odvod

کرم

krema

اسپری دئودورانت

dezodorans

آیینه

ogledalo

آیینه ی کوچک دستی

ogledalo za šminkanje

تیغ ریش تراشی

brijač

کف ریش‌تراشی

pjena za brijanje

آفترشیو

vodica poslije brijanja

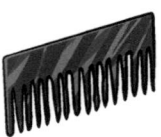

شانه ی سر

češalj

برس

četka

سشوار

fen

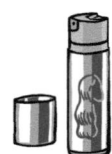

اسپری مو

sprej za kosu

آرایش

puder

رژلب

karmin

لاک ناخن

lak za nokte

پنبه

vata

قیچی ناخن

makazice za nokte

عطر

parfem

کیف لوازم آرایشی و بهداشتی

kozmetička torbica

چهارپایه

hoklica

ترازو

vaga

حوله ی پالتویی

kupaći ogrtač

دستکش ظرفشویی

rukavice za čišćenje

تامپون

tampon

نوار بهداشتی

uložak za dame

توالت سیار

hemijski toalet

اتاق بچه
dječija soba

ساعت زنگدار
budilnik
نوعی عروسک نرم به شکل حیوانات
plišana igračka
ماشین اسباب بازی
auto za igru
zvečka
خانه ی عروسکی
kućica za lutke
کادو
poklon

بادکنک

balon

تخت خواب

krevet

کالسکه بچه

kolica za djecu

بازی ورق

karte za igranje

پازل

puzle

داستان مصور

strip

اسباب بازی لگو

lego kockice

خانه سازی

kockice za gradnju

عروسک شخصیت های فیلم و کارتون

akcione figure

لباس نوزاد

benkica

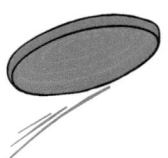

فریزبی

frizbi

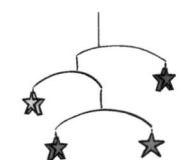

نوعی اسباب بازی که روی تخت نوزاد
یا کودک نصب می شود

mobile

بازی روی صفحه

igra na ploči

تاس

kocka

قطار اسباب بازی

miniatura željeznice

پستانک

cucla

مهمانی

zabava

کتاب مصور

slikovnica

توپ

lopta

عروسک

lutka

بازی کردن

igrati

جعبه شنی مخصوص بازی کودکان

pješćanik

تاب

ljuljačka

اسباب بازی

igračke

کنسول بازی های کامپیوتری

konzola za igru

سه چرخه

triciklo

خرس عروسکی

medvjedić

کمد لباس

ormar

لباس
odjeća

جوراب

kratke čarape

جوراب زنانه ساق بلند

čarape

جوراب شلواری

hulahopke

شال
šal

چتر
kišobran

تی شرت
majica kratkih rukava

کمربند
kaiš

پوتین
čizme

دمپایی
papuče

کفش ورزشی کتانی
patike

صندل
sandale

کفش
cipele

چکمه پلاستیکی
gumene čizme

شرت
gaće

سوتین
grudnjak

جلیقه
potkošulja

بادی

bodi

شلوار

hlače

جین

farmerke

دامن

suknja

بلوز

bluza

پیراهن

košulja

پولیور

džemper

سویی شرت

majica

نوعی کت

sako

ژاکت

jakna

کت بلند

mantil

بارانی

kišni mantil

لباس نمایش

kostim

لباس

haljina

لباس عروس

vjenčanica

كت و شلوار

odijelo

لباس خواب زنانه

spavaćica

پیژامه

pidžama

ساری

sari

روسری

marama

عمامه

turban

برقع

burka

قبا

kaftan

عبا

abaja

لباس شنا

kupaći kostim

شرت شنا

kupaće gaće

شلوارک

kratke hlače

لباس ورزشی

trenerka

پیشبند

pregača

دستکش

rukavice

دکمه

dugme

عینک

naočare

دستبند

narukvica

گردنبند

ogrlica

انگشتر

prsten

گوشواره

naušnica

کلاه لبه دار

kapa

چوب لباسی

vješalica

کلاه

šešir

کراوات

kravata

زیپ

patentni zatvarač

کلاه ایمنی

kaciga

بند شلوار

tregeri za hlače

لباس مدرسه

školska uniforma

لباس فرم

uniforma

پیش بند بچه

podbradak

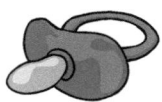

پستانک

cucla

پوشک بچه

pelene

اداره

ured

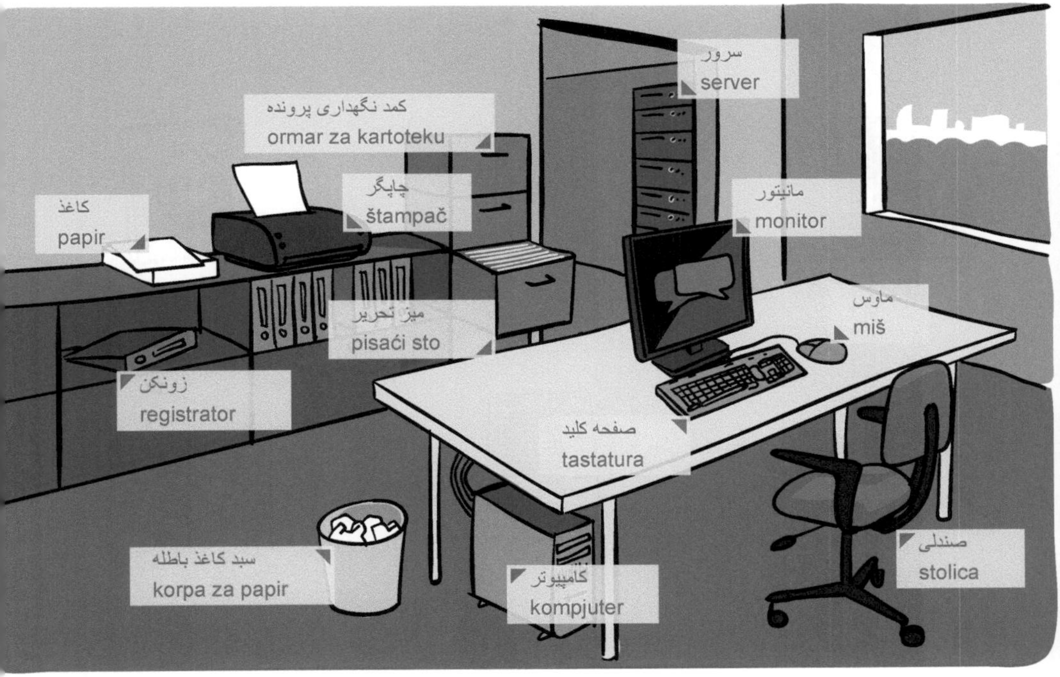

کمد نگهداری پرونده
ormar za kartoteku

سرور
server

چاپگر
štampač

مانیتور
monitor

کاغذ
papir

میز تحریر
pisaći sto

ماوس
miš

زونکن
registrator

صفحه کلید
tastatura

سبد کاغذ باطله
korpa za papir

کامپیوتر
kompjuter

صندلی
stolica

لیوان قهوه

šolja za kafu

ماشین حساب

kalkulator

اینترنت

internet

لپ تاپ

laptop

نامه

pismo

پیغام

poruka

تلفن همراه

mobilni telefon

شبکه ی ارتباطی

mreža

دستگاه فتوکپی

aparat za kopiranje

نرم افزار

softver

تلفن

telefon

پریز

utičnica

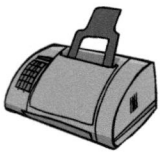

دستگاه فاکس

faks

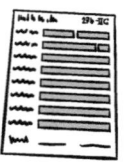

فرم

formular

مدرک

dokument

خریدن

kupovati

پرداخت کردن

platiti

تجارت کردن

trgovati

پول

novac

دلار

dolar

یورو

euro

ین

jen

روبل

rublja

فرانک سوئیس

franak

یوان رنمینبی

renminbi jen

روپیه

rupi

دستگاه خودپرداز

bankomat

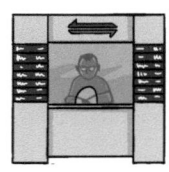

صرافی

mjenjačnica

طلا

zlato

نقره

srebro

نفت

nafta

انرژی

energija

قیمت

cijena

قرارداد

ugovor

مالیات

porez

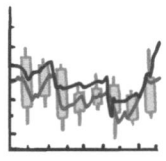

سهام سرمایه

akcija

کار کردن

raditi

کارمند

službenik

کارفرما

poslodavac

کارخانه

fabrika

مغازه

radnja

مشاغل
zanimanja

مامور پلیس
policajac
آتش نشان
vatrogasac
آشپز
kuhar
دکتر
ljekar
خلبان
pilot

باغبان

bastovan

نجار

stolar

خیاط زنانه

krojačica

قاضی

sudija

شیمیدان

hemičar

بازیگر

glumac

راننده اتوبوس

vozač autobusa

راننده تاکسی

vozač taksija

ماهیگیر

ribar

نظافتچی زن

čistačica

سقف ساز

krovopokrivač

پیشخدمت رستوران

konobar

شکارچی

lovac

نقاش

moler

نانوا

pekar

برقکار

električar

کارگر ساختمانی

građevinski radnik

مهندس

inženjer

قصاب

koljač

لوله کش

limar, vodoinstalater

پستچی

poštar

سرباز

vojnik

معمار

arhitekta

صندوقدار

blagajnik

گل فروش

cvjećar

آرایشگر

frizer

مامور کنترل بلیط در قطار

kontrolor

مکانیک

mehaničar

ناخدا

kapiten

دندانپزشک

zubar

دانشمند

naučnik

عالم یهودی

rabin

امام

imam

راهب

monah

کشیش

sveštenik

ابزارآلات

alat

چکش
čekić
انبردست
kliješta
پیچ گوشتی
izvijač
آچار
vijčani ključ
چراغ قوه
džepna lampa

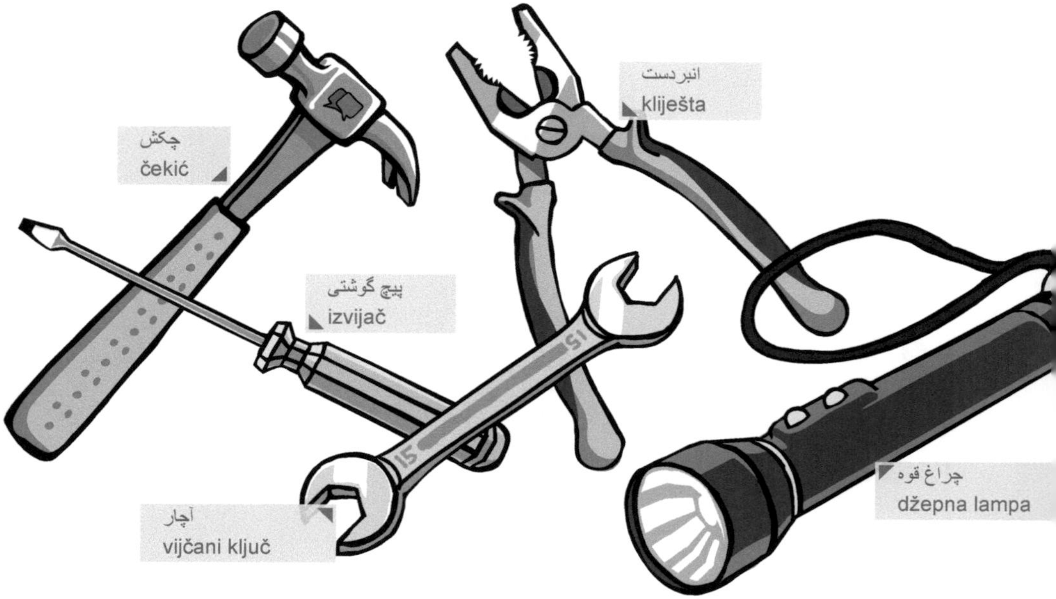

بیل مکانیکی

bager

جعبه ابزار

kutija sa alatom

نردبان

ljestve

ارّه

testera, pila

میخ

ekser

مته

bušilica

تعمیر کردن

popraviti

بیل

lopata

لعنتی!

sranje!

خاک انداز

lopatica

سطل رنگرزی

kanta boje

پیچ

vijak

آلات موسیقی

muzički instrumenti

بلندگو
zvučnik

درامز
bubnjevi

گیتار
gitara

کنترباس
kontrabas

ترومپت
truba

پیانو

klavir

ویولن

violina

گیتار بیس

bas

تیمپانی

bubanj timpani

طبل

bubanj

کیبورد الکتریک

sintisajzer

ساکسیفون

saksofon

فلوت

flauta

میکروفون

mikrofon

باغ وحش
zološki vrt

ulaz
ببر
tigar
قفس
kavez
گورخر
zebra
خوراک حیوانات
hrana za životinje
خرس پاندا
panda

حیوانات

životinje

فیل

slon

کانگورو

kengur

کرگدن

nosorog

گوریل

gorila

خرس

medvjed

شُتُر
....
kamila

شترمرغ
....
noj

شیر
....
lav

میمون
....
majmun

فلامینگو
....
flamingo

طوطی
....
papagaj

خرس قطبی
....
polarni medvjed

پنگوئن
....
pingvin

کوسه
....
morski pas

طاووس
....
paun

مار
....
zmija

تمساح
....
krokodil

نگهبان باغ وحش
....
čuvar u zološkom vrtu

خوک آبی
....
tuljan

پلنگ امریکایی
....
jaguar

اسب کوچک

poni

پلنگ

leopard

اسب آبی

nilski konj

زرافه

žirafa

عقاب

orao

گراز

divlja svinja

ماهی

riba

لاک پشت

kornjača

شیرماهی

morž

روباه

lisica

غزال

gazela

ورزش ها
sport

فوتبال آمریکایی
američki fudbal
دوچرخه سواری
vožnja bicikla
تنیس
tenis
بسکتبال
košarka
شنا
plivanje
هاکی روی یخ
hokej na ledu
بوکس
boks

فوتبال
fudbal

بدمینتون
bedminton

دوومیدانی
laka atletika

هندبال
rukomet

اسکی
skijanje

پولو
polo

فعاليت ها

aktivnosti

خندیدن
smijati se
پریدن
skakati
بغل کردن
zagrliti
راه رفتن
ići
آواز خواندن
pjevati
رؤیا دیدن
sanjati
دعا کردن
moliti
بوسیدن
ljubiti

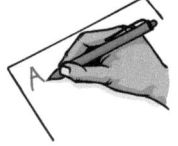

نوشتن

pisati

رسم کردن

crtati

نشان دادن

pokazati

هل دادن

gurati

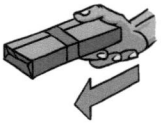

دادن

dati

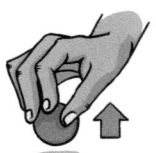

برداشتن

uzeti

داشتن

imati

انجام دادن

raditi

بودن

biti

ایستادن

stajati

دویدن

trčati

کشیدن

vući

پرتاب کردن

baciti

افتادن

pasti

دراز کشیدن

ležati

منتظر بودن

čekati

حمل کردن

nositi

نشستن

sjediti

لباس پوشیدن

obući

خوابیدن

spavati

بیدار شدن

probuditi

تماشا کردن

....

pogledati

گریه کردن

....

plakati

نوازش کردن

....

milovati

شانه کردن

....

češljati

حرف زدن

....

govoriti

فهمیدن

....

razumjeti

پرسیدن

....

pitati

شنیدن

....

slušati

آشامیدن

....

piti

خوردن

....

jesti

مرتب کردن

....

pospremiti

عاشق بودن

....

voljeti

پختن

....

kuhati

رانندگی کردن

....

voziti

پرواز کردن

....

letjeti

قایقرانی کردن

jedriti

محاسبه کردن

računati

خواندن

čitati

یاد گرفتن

učiti

کار کردن

raditi

ازدواج کردن

vjenčavti

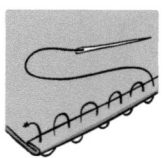

دوختن

šiti

مسواک زدن

prati zube

کشتن

ubiti

سیگار کشیدن

pušiti

فرستادن

slati

مادربزرگ
baka
پدربزرگ
djed
پدر
otac
مادر
majka
کودک
beba
فرزند دختر
kćerka
فرزند پسر
sin

مهمان

gost

خاله، عمه

ujna, tetka, strina

دایی، عمو

ujak, tetak, stric

برادر

brat

خواهر

sestra

بدن

tijelo

پیشانی
čelo
چشم
oko
شانه
leđa
انگشت دست
prst
صورت
lice
چانه
brada
دست
ruka, šaka
ساق پا
noga
سینه
grudi
بازو
ruka

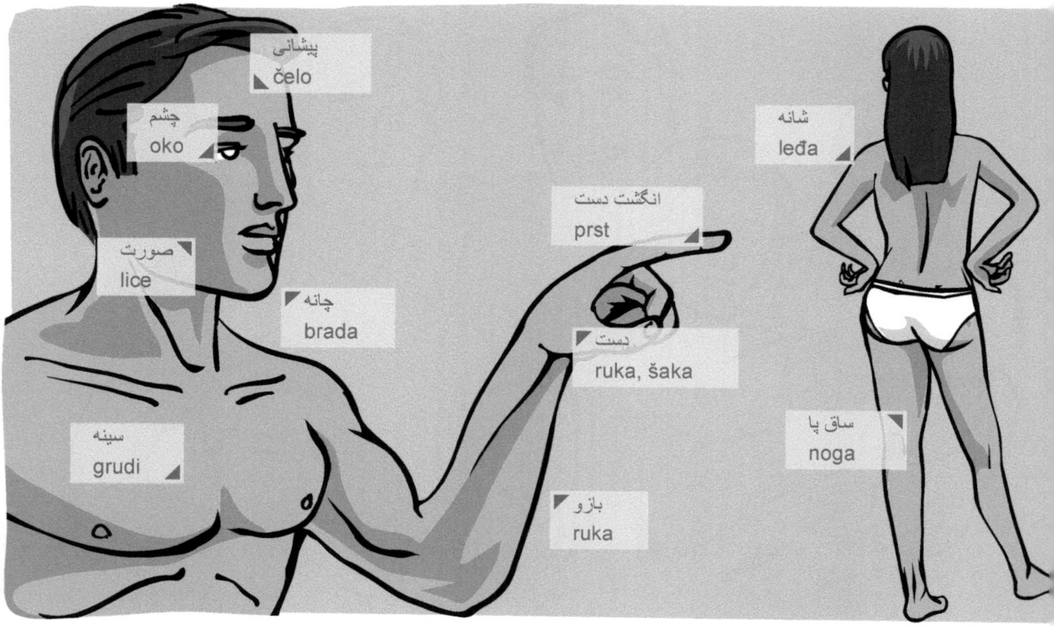

کودک

beba

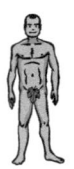

مرد

muškarac

زن

žena

دختربچه

djevojčica

پسربچه

dječak

کله

glava

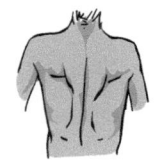

کمر

leđa

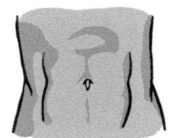

شکم

stomak

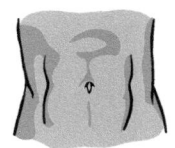

ناف

pupak

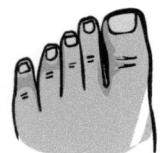

انگشت پا

nožni prst

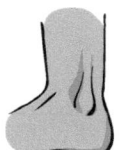

پاشنه

peta

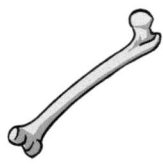

استخوان

kosti

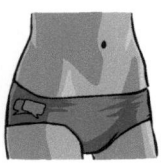

لگن

kuk

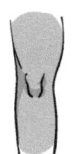

زانو

koljeno

آرنج

lakat

بینی

nos

نشیمنگاه

stražnjica

پوست

koža

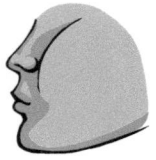

گونه

obraz

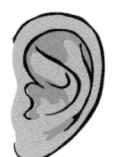

گوش

uho

لب

usna

دهان
....
usta

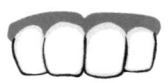

دندان
....
zub

زبان
....
jezik

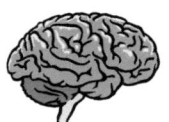

مغز
....
mozak

قلب
....
srce

عضله
....
mišić

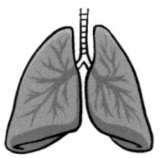

ریه
....
pluća

کبد
....
jetra

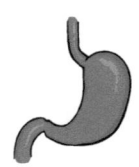

معده
....
želudac

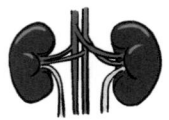

کلیه
....
bubreg

آمیزش جنسی
....
spolni odnos

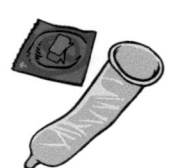

کاندوم
....
kondom

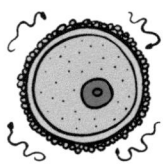

تخمک
....
jajna ćelija

اسپرم
....
sperma

حاملگی
....
trudnoća

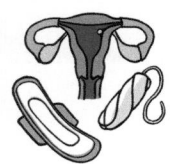

پریود
menstruacija

واژن
vagina

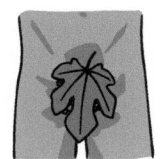

آلت تناسلی مرد
penis

ابرو
obrva

مو
kosa

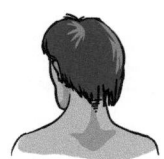

گردن
vrat

بیمارستان

bolnica

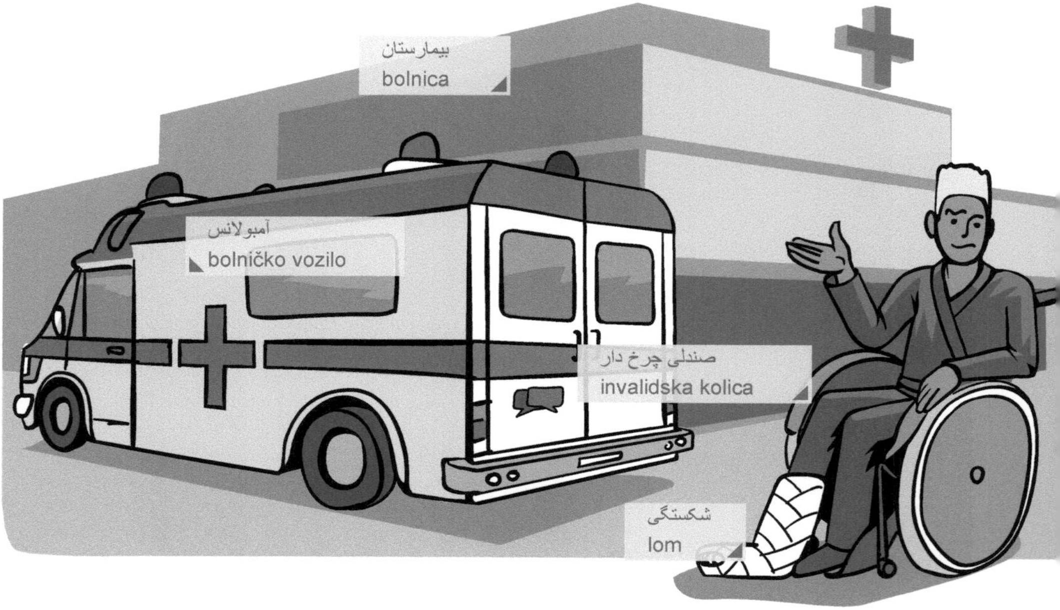

بیمارستان
bolnica
آمبولانس
bolničko vozilo
صندلی چرخ دار
invalidska kolica
شکستگی
lom

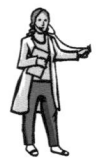

دکتر

ljekar

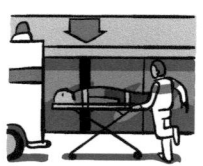

بخش اورژانس

hitna služba

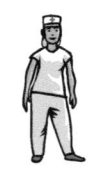

پرستار

medicinska sestra

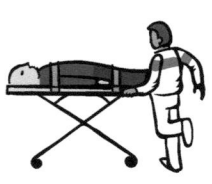

موقعیت اضطراری

hitna pomoć

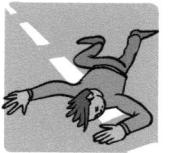

بی هوش

nesvjest

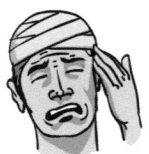

درد

bol

مصدومیت

povreda

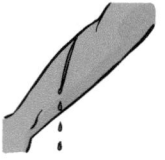

خونریزی

krvarenje

سکته قلبی

srčani udar, infarkt

سکته مغزی

moždani udar

آلرژی

alergija

سرفه

kašalj

تب

groznica

آنفولانزا

gripa

اسهال

proljev

سردرد

glavobolja

سرطان

rak

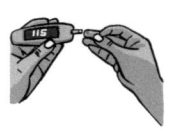

دیابت

dijabetes

جراح

hirurg

چاقوی جراحی

skalpel

عمل جراحی

operacija

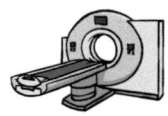

سی تی اسکن

CT

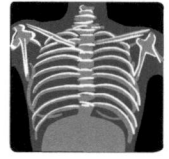

پرتونگاری

rendgen

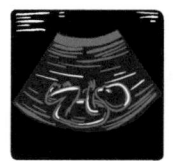

سونوگرافی

ultrazvuk

ماسک صورت

maska

بیماری

bolest

اتاق انتظار

čekaonica

چوب زیر بغل

štake

چسب زخم

flaster

پانسمان

zavoj

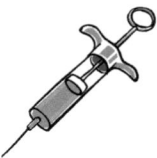

تزریق

injekcija

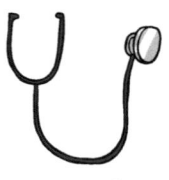

گوشی طبی

stetoskop

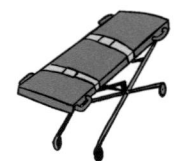

برانکار

nosilo

دماسنج

termometar

زایش

porod

اضافه وزن

prekomjerna težina, debljina

سمعک
....
slušni aparat

ماده ضد غفونی کننده
....
sredstvo za dezinfekciju

عفونت
....
infekcija

ویروس
....
virus

اچ آی وی / ایدز
....
HIV/ AIDS

دارو
....
medicina

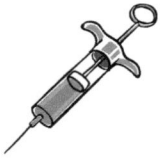

واکسیناسیون
....
vakcinacija

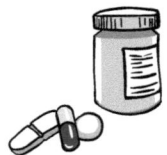

قرص
....
tablete

قرص ضد حاملگی
....
pilula

تماس اظطراری
....
hitni poziv

دستگاه اندازه گیری فشارخون
....
aparat za mjerenje pritiska

مریض / سالم
....
bolestan / zdrav

موقعیت اضطراری
hitna pomoć

!کمک

Upomoć!

آژیر خطر

alarm

حمله

napad, prepad

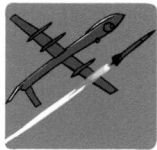

حمله ی فیزیکی

napad

خطر

opasnost

خروج اظطراری

izlaz u slučaju opasnosti

آتش

Požar!

کپسول آتش‌نشانی

vatrogasni aparat

تصادف

nezgoda

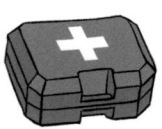

جعبه کمک های اولیه

torba prve pomoći

درخواست کمک

SOS

پلیس

policija

کره زمین
Zemlja

اروپا

Europa

آمریکای شمالی

Sjeverna Amerika

آمریکای جنوبی

Južna Amerika

آفریقا

Afrika

آسیا

Azija

استرالیا

Australija

اقیا نوس اطلس

Atlantik

اقیانوس آرام

Pacifik

اقیانوس هند

Indijski okean

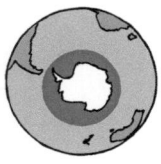

اقیا نوس اطلس جنوبی

Antarktički okean

اقیانوس منجمد شمالی

Arktički okean

قطب شمال

Sjeverni pol

قطب جنوب

Južni pol

قاره قطب جنوب

Antarktik

کره زمین

Zemlja

سرزمین

zemlja

دریا

more

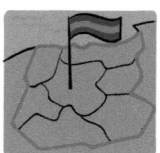

جزیره

ostrvo

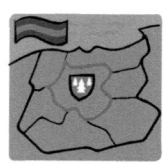

ملت

nacija

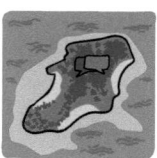

کشور

država

ساعت

sat

صفحه ی ساعت

brojčanik sata

ساعت شمار

kazaljka sata

دقیقه شمار

kazaljka minute

ثانیه شمار

kazaljka sekunde

ساعت چند است؟

Koliko je sati?

روز

dan

زمان

vrijeme

اکنون

sada

ساعت دیجیتال

digitalni sat

دقیقه

minuta

ساعت

sat

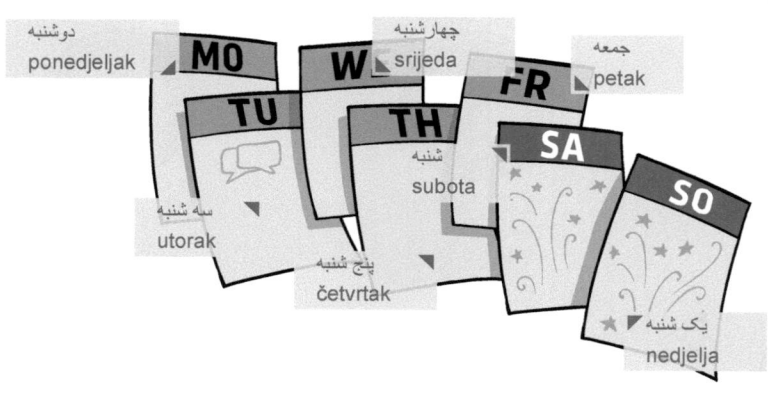

هفته

sedmica, nedjelja

MO
TU
W
TH
FR
SA
دوشنبه
ponedjeljak
سه شنبه
utorak
چهارشنبه
srijeda
پنج شنبه
četvrtak
جمعه
petak
شنبه
subota
یک شنبه
nedjelja

21

دیروز

jučе

2

امروز

danas

3

فردا

sutra

صبح

jutro

ظهر

podne

غروب

veče

MO TU WE TH FR SA SU
1 2 3 4 5 6 7
8 9 10 11 12 13 14
15 16 17 18 19 20 21
22 23 24 25 26 27 28
29 30 31 1 2 3 4

روزهای کاری

radni dani

MO TU WE TH FR SA SU
1 2 3 4 5 6 7
8 9 10 11 12 13 14
15 16 17 18 19 20 21
22 23 24 25 26 27 28
29 30 31 1 2 3 4

آخر هفته

vikend

سال

godina

باران
kiša
رنگین کمان
duga
باد
vjetar
برف
snijeg
بهار
proljeće
پاییز
jesen
تابستان
ljeto
زمستان
zima

پیش‌بینی اوضاع جوی

prognoza vremena

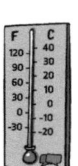

C

دماسنج

termometar

تابش آفتاب

sunčev sjaj

ابر

oblak

مه

magla

رطوبت هوا

vlažnost vazduha

صاعقه

munja

آسمان غره

grom

طوفان

oluja

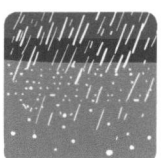

تگرگ

tuča, led

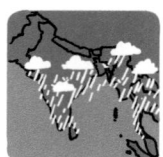

باد موسمی

monsun

سیل

poplava

یخ

led

ژانویه

januar

فوریه

februar

مارس

mart

آوریل

april

مه

maj

ژوئن

juni

ژوئیه

juli

آگوست

avgust

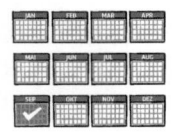

سپتامبر

septembar

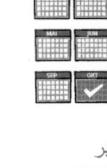

اُکتبر

oktobar

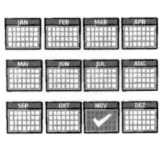

نوامبر

novembar

دسامبر

decembar

آشکال

oblici

دایره

krug

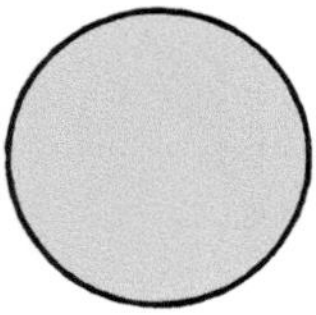

مربع

kvadrat

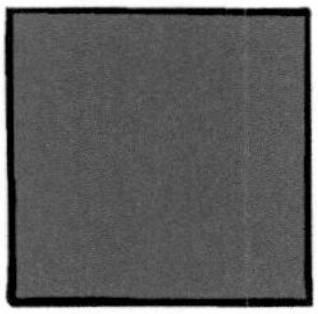

مستطیل

pravougao

سه گوش

trougao

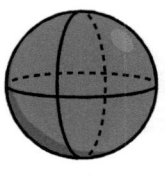

گره

kugla

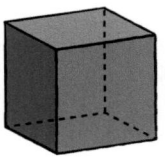

مکعب مربع

kocka

رنگ ها

boje

سفید

bjel

زرد

žut

نارنجی

narandžast

صورتی

pink

قرمز

crven

بنفش

ljubičast

آبی

plav

سبز

zelen

قهوه ای

smeđ

خاکستری

siv

سیاه

crn

متضاد ها

suprotnosti

خیلی / کم

malo / mnogo

خشمگین/ آرام

ljutit / miran

زیبا / زشت

lijep / ružan

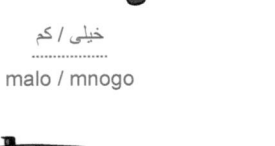

شروع / پایان

početak / kraj

بزرگ / کوچک

veliki / mali

روشن / تیره

svijetlo / tamno

برادر / خواهر

brat / sestra

تمیز / آلوده

čist / prljav

کامل / ناقص

potpun / nepotpun

روز / شب

dan / noć

مرده / زنده

mrtav / živ

پهن / باریک

široko / usko

قابل خوردن / غیر قابل خوردن

ukusno / neukusno

غضبناک / مهربان

zao / prijatan

هیجان زده / بی حوصله

uzbuđen / dosadan

چاق / لاغر

debeo / mršav

اولین / آخرین

najprije / najkasnije

دوست / دشمن

prijatelj / neprijatelj

پر / خالی

pun / prazan

سفت / نرم

trvd / mekan

سنگین / سبک

težak / lagan

گرسنگی / تشنگی

glad / žeđ

مریض / سالم

bolestan / zdrav

غیرقانونی / قانونی

ilegalan / legalan

باهوش / خنگ

inteligentan / glup

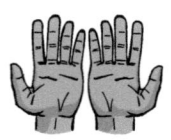

چپ / راست

lijevo / desno

نزدیک / دور

blizu / daleko

نو / استفاده شده

nov / polovan

هیچ چیز / چیزی

ništa / nešto

پیر / جوان

star / mlad

روشن / خاموش

uključeno / isključeno

باز / بسته

otvoreno / zatvoreno

آهسته / بلند

tiho / glasno

ثروتمند / فقیر

bogat / siromašan

درست / غلط

tačno / pogrešno

زبر / صاف

hrapav / glatak

غمگین / خوشحال

tužan / srećan

کوتاه / بلند

kratak / dug

کند / تند

spor / brz

تر / خشک

mokro / suho

گرم / خنک

toplo / hladno

جنگ / صلح

rat / mir

اعداد
brojevi

0	1	2
صفر	یک	دو
nula	jedan	dva
3	4	5
سه	چهار	پنج
tri	četiri	pet
6	7	8
شش	هفت	هشت
šest	sedam	osam
9	10	11
نه	دَه	یازده
devet	deset	jedanaest

12
دوازده
dvanaest

13
سیزده
trinaest

14
چهارده
četrnaest

15
پانزده
petnaest

16
شانزده
šesnaest

17
هفده
sedamnaest

18
هجده
osamnaest

19
نوزده
devetnaest

20
بیست
dvadeset

100
صد
sto

1.000
هزار
hiljada

1.000.000
میلیون
milion

زبان ها

jezici

انگلیسی

engleski

انگلیسی آمریکایی

američki engleski

چینی ماندارین

kinesko mandarinski

هندی

hindi

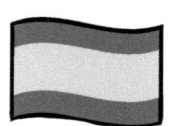

اسپانیایی

španski

فرانسوی

francuski

عربی

arapski

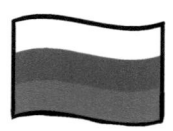

روسی

ruski

پرتغالی

portugalski

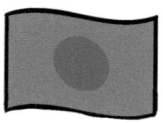

بنگالی

bengalski

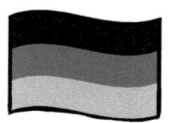

آلمانی

njemački

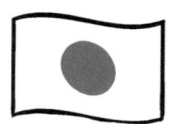

ژاپنی

japanski

چه کسی / چه چیزی / چگونه
ko / šta / gdje

من

ja

تو

ti

او

on / ona / ono

ما

mi

شما

vi

آنها

oni

چه کسی؟ کی؟

ko?

چی؟

šta?

چگونه؟

kako?

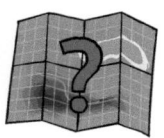

کجا؟

gdje?

کِی؟

kada?

نام

ime

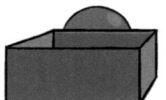

کجا

gdje

پشت

iza

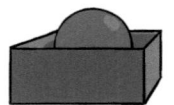

توی

u

جلو

pred

بالای

iznad

روی

na

زیر

ispod

مجاور

pored

بین

između

مکان

mjesto